T0197538

Sydney

Un libro de "color y color de nuevo"

Para realizar pedidos de este libro, contacte con:
Xlibris
1-844-714-8691
www.Xlibris.com
Orders@Xlibris.com

Library of Congress Control Number: 2022920648
ISBN: Tapa Blanda   978-1-6698-5447-0

English Version:
        Softcover   978-1-6698-5445-6

Chinese Version
        Softcover   978-1-6698-5660-3

French Version
        Softcover   978-1-6698-5601-6

Información de la imprenta disponible en la última página.

Fecha de revisión: 04/20/2023

Sydney

Sydney es una pequeña excavadora feliz, amistosa y segura que disfruta de una vida decidida. A diferencia de los libros tradicionales de coloración, este es un libro borrable, "color y color de nuevo". Las niñas y los niños disfrutarán de este libro porque el género no importa al perseguir sus objetivos, que se añadirán después de la última frase en la página de Sydney.

~ Nota del autor ~

Los marcadores de borrado seco se hacen para superficies no porosas que hacen que la tinta sea fácil de limpiar usando simplemente un tejido nariz. No se deben utilizar los marcadores tradicionales, ya que no son borrables. En caso de que lo estén, coloreando sobre él de nuevo con otro marcador tradicional lo disolverá y luego limpiará limpio.

** Dedicación **

Este libro está dedicado a aquellos empresarios con las más grandes ideas e imaginación que aún no han encontrado un hogar para su hijo cerebral. Te aplaudimos. Somos tú.

"No es el crítico quien cuenta; no el hombre que señala cómo tropieza el hombre fuerte, o donde el hacedor de obras podría haberlas hecho mejor. El crédito pertenece al hombre que está en la arena,..."

— Theodore Roosevelt

El motor de Sydney se convirtió en vida cuando el día empezó a funcionar. La pequeña excavadora dejó el garaje y se dirigió hacia la carretera.

Hola, Capitán Stoplight.

¡Hola, Sydney! ¿Qué eres?
¿Vas a hacer hoy?

Voy a trabajar. Voy a empujar
algo sucio.
Construiré una o dos cosas.
Podría ser una escuela,
o una piscina,
o tal vez construya un zoológico!

Sydney continuó por el camino.

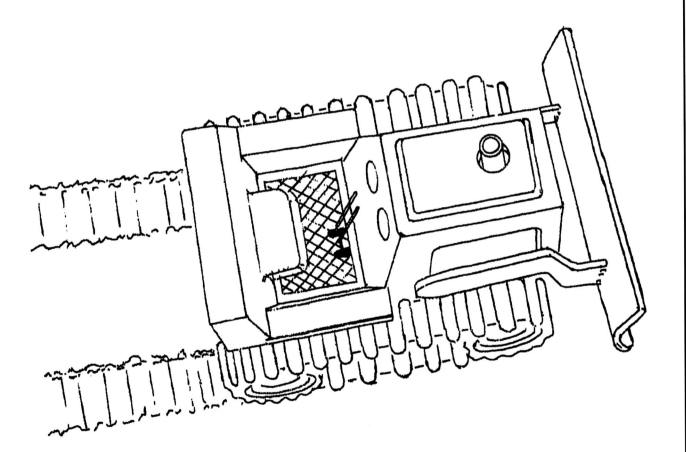

Hola, Sr. Puerta Cruzante.

¡Hola, Sydney! ¿Qué eres?
¿Vas a hacer hoy?

Voy a trabajar. Voy a empujar
algo sucio.
Construiré una o dos cosas.
Podría ser una escuela,
o una piscina,
o tal vez construya un zoológico!

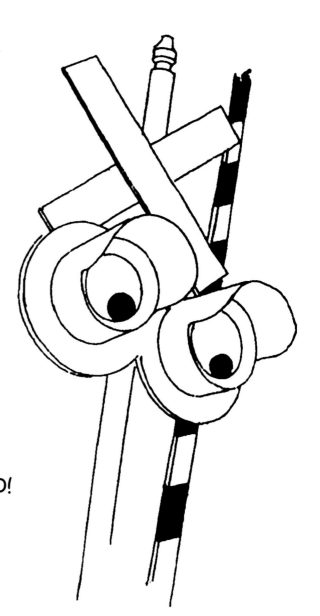

Sydney llegó al lugar de trabajo y sonrió.

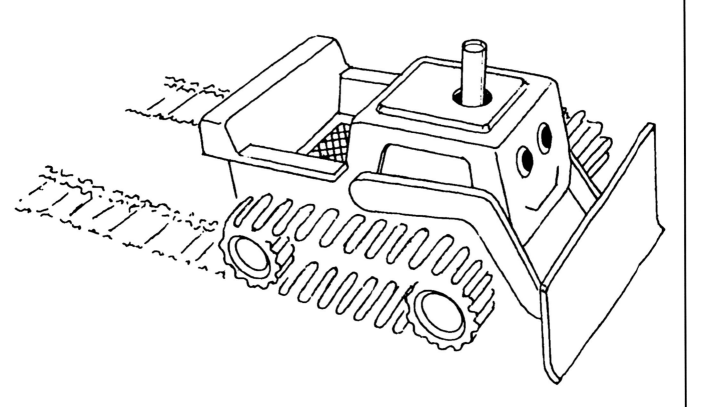

Entonces Sydney dijo: Me encanta
mi trabajo. Me pregunto qué
Hoy voy a construir.

¿Una escuela?

¿Un zoológico?

¿A una piscina?

¿Qué crees que construyó Sydney?

¡El silbato sopla!

El día de trabajo se terminó.

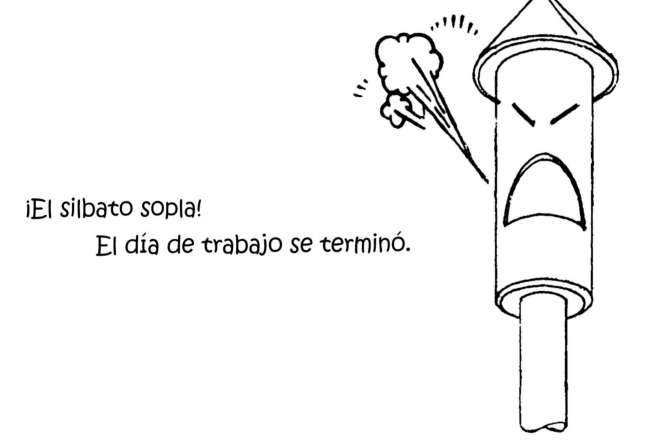

Sydney estaba cansado pero feliz.
Ahora era hora de volver a casa al garaje.

"Buenas noches, Sr. Ferrocarril
Cruzando la puerta."

"Buenas noches, Sydney."

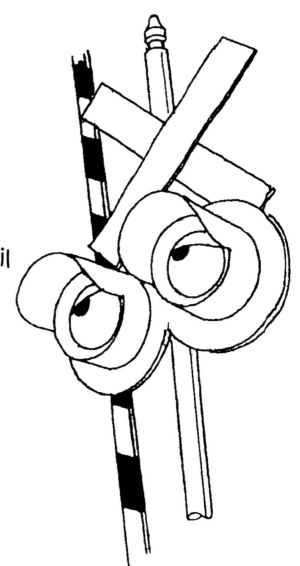

"Buenas noches, capitán Stoplight."

"Buenas noches, Sydney."

En el garaje, Sydney sonrió,
entonces apaga el motor para la noche.

Z - z - z - z

The Authors

Janis Rice – Jan nació Michigander y fue criado en Rochester Hills. Antes estaba activa en deportes. Una asistente administrativa ejecutiva con Elias Brothers Big Boy, más tarde se convirtió en reclutadora para candidatos a ventas corporativas. Sin embargo, esto se cortó con el inicio de la Esclerosis Múltiple. Desde entonces ha tratado una multitud de problemas físicos, el más largo funcionamiento, MS.

Sin embargo, su historia no termina aquí. Jan ha estado activo en su iglesia y comunidad. Ella y su marido, Marshall, han establecido varios negocios.

Marshall Rice - originario de Michigander, Marshall nació en Pontiac. Estudió diseño industrial en el College for Creative Studies de Detroit y en el Art Center College of Design de Los Ángeles. Su trayectoria profesional comenzó en diseño industrial, pasó a ingeniero de diseño, a maestro suplente y ahora autor publicado. Tiene una licenciatura en estudios generales de la Universidad de Oakland, Rochester Michigan. Marshall también disfruta cantar en el coro de la iglesia Metodista Central Unida y toca la flauta en la banda de conciertos Waterford New Horizons.

Actualmente residen en Rochester Hills, Michigan.

¿Puedes dibujar un amigo para Sydney?

¿Puedes dibujar lo que crees que Sydney
debería construir a continuación?

¿Cuántas formas puedes ayudar a Sydney a hacer?

RICECHEKS
BOOKS

www.sydneythebulldozer.com
RicecheksBooks1@outlook.com

Printed in the United States
by Baker & Taylor Publisher Services